W0326654

Dieses Schreibheft gehört:

Cd

S. 12

Ol el le ee le el ll

el ee le el

le le ee ee le el el le

ee el le el ll el le

ee le el ll el ll ee

le el ll el le ee el

ll le el ll le el

le el ll ee le

el ee le ll le

Printed in Poland
by Amazon Fulfillment
Poland Sp. z o.o., Wrocław

18486978R00085